GÉNÉALOGIE DES FRÈRES TESSON

GUILLOTINÉS A GRANVILLE

EN NIVOSE, AN II DE LA RÉPUBLIQUE

PAR

M. ALFRED DE TESSON

Capitaine de Frégate en retraite

Président de la Société d'Archéologie d'Avranches et de Mortain

Membre du Conseil Héraldique de France

AVRANCHES

IMPRIMERIE TYPOGRAPHIQUE & LITHOGRAPHIQUE DE JULES DURAND

Rues Boudrie, 2, & Quatre-Œufs, 24

1895

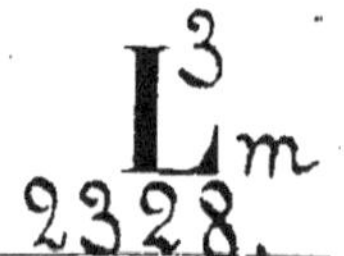

GÉNÉALOGIE **DES** FRÈRES TESSON

GUILLOTINÉS A GRANVILLE

EN NIVOSE AN II DE LA RÉPUBLIQUE

PAR

M. ALFRED DE TESSON

Capitaine de Frégate en retraite

Président de la Société d'Archéologie d'Avranches et de Mortain

Membre du Conseil Héraldique de France

AVRANCHES

IMPRIMERIE TYPOGRAPHIQUE & LITHOGRAPHIQUE DE JULES DURAND

Rues Boudrie, 2, & Quatre-Œufs, 24

1895

GÉNÉALOGIE DES FRÈRES TESSON

GUILLOTINÉS A GRANVILLE

En Nivôse, an II de la République

———❖———

Nous avons établi cette Généalogie avec les documents suivants :

1° Cinq pièces des Carrés de d'Hozier, du 25 novembre 1460 au 7 mai 1506. — Vol. 594 du Cabinet des Titres de la Bibliothèque Nationale.

2° Quarante-cinq pièces originales du même Cabinet, s'étendant du 3 juillet 1505 au 31 juillet 1701, plus un Mémoire et un Tableau généalogiques sans date. — Vol. 2.812, n° 62.547.

3° Généalogie produite devant Mgr du Tillet, et comprenant l'analyse de quinze pièces, allant du 20 juin 1522 au 27 août 1639. — *Penes nos.*

4° Généalogie par Chérin, s'arrêtant au commencement du XVIIIe siècle. — Collection Chérin. — Vol. 193, n° 2.820 du Cabinet des Titres.

5° Les archives du château du Neufbourg en Vains-sous-Avranches, mises gracieusement à notre disposition par M. Henri de Lancesseur, et les registres des baptisés, épousés et trépassés de la paroisse de Vains-Saint-Léonard, ouverts dès l'an 1529 ; les actes y sont tantôt en français, tantôt en latin.

6° Les anciens registres paroissiaux de Lolif, de Sartilly et de Champcervon, commençant dans les mairies de ces communes : en 1700, à Lolif ; en 1692, à Sartilly (l'année 1733 manque) ; en 1633, pour les baptêmes, et, en 1648, pour les mariages et les inhumations, à Champcervon, où ils présentent d'assez nombreuses lacunes.

7° Les registres de l'Etat Civil des trois paroisses d'Avranches, commencés, en 1631, à Saint-Gervais ; en 1599, à Notre-Dame-des-Champs ; et, en 1625, à Saint-Saturnin. Il existe pour ces registres, à l'Hôtel-de-Ville, des Tables très bien comprises.

Tige de La Guérinière, au Grand-Celland

I

Thomas Tesson, écuyer, seigneur et propriétaire de la terre, fief et seigneurie de la Guérinière, en Saint-Médard-de-Celland, aujourd'hui le Grand-Celland, seigneur de Celland en partie, après avoir accompli dix-huit années de services militaires, payé, le 5 avril 1470, sans déroger ni préjudicier à l'état de sa lignée, la somme à laquelle il avait été taxé et affinancé par les Commissaires du Roi sur le fait des francs-fiefs et nouveaux acquêts, et gagné, le 7 septembre 1470, un procès contre les paroissiens de Saint-Médard-de-Celland, qui l'avaient indûment assis à payer la taille, reçut, le 22 octobre 1471, du commandement desdits seigneurs commissaires, des lettres pour qu'on le laissât, lui, ses enfants et postérité, nés et à naître en loyal mariage, jouir et user pleinement et paisiblement, sans contredit, des privilèges, honneurs et choses appartenant à honneur et état de noblesse.

Il eut deux fils mariés :

II. — Jean-l'aîné, qui suivra.

II. — Jean-le-Jeune, de la Guérinière, seigneur de Celland, en partie, époux de Perrine de Maigney et, dont le troisième fils, Guillaume-le-Jeune, est l'auteur de la branche cadette de la Mancellière.

II

Jean Tesson, l'aîné, seigneur de la Guérinière, épousa damoiselle Jeanne ou Jacqueline Fauquet, des seigneurs de Saint-Médard-de-Celland, dont il eut :

III. — Jean, écuyer, qui continua la tige des seigneurs de la Guérinière, tombée en quenouille au XVIIIᵉ siècle et avant la

Révolution, et d'où s'est détachée, au VIIe dégrë, la branche aînée du Buat.

III. — François, dit aussi sieur de la Guérinière, qui suit :

Seigneurs du Neufbourg de Vains

III

François Tesson, écuyer, seigneur de la Guette (fraction de la Guérinière), de la Berrière en Saint-Ouen-de-Celland (Le Petit-Celland), et du Neufbourg en Vains-sous-Avranches, épousa : 1° par contrat du 20 juin 1521, Andrée Giroult, fille de Gilles Giroult, écuyer, seigneur de Hotot et la Motte (1) et de noble dame Colasse Morin ; 2° Colasse Vibert.

Il eut de son premier mariage avec Andrée Giroult :

IV. — Jacques, auteur de la branche intermédiaire du Mesnil-Balisson, en Lolif, qui suivra.

IV. — Gilles, prêtre, sieur de la Berrière

IV. — Guillaume, qui vendit, par contrat du 20 janvier 1573, à un nommé Hullin, partie de la terre du Neufbourg, à charge d'en faire partage avec Gabriel Tesson, fils de Jacques, frère aîné dudit Guillaume. Sur un contrat d'amortissement de rente, du 6 mai suivant, ledit Hullin est dit acquéreur de partie de la terre du Neufbourg, dudit Gabriel Tesson.

Le premier seigneur du Neufbourg que nous ayons trouvé, en 1530, dans les registres de l'église paroissiale de Monsieur Saint-Pierre-de-Vains et Saint-Léonard, est Joachim Morin, écuyer, dont le testament se trouve dans lesdits registres avec beaucoup d'autres. Il mourut, en 1543, encore appelé seigneur du Neufbourg, quoique, deux ans auparavant, François Tesson y soit aussi qualifié seigneur du Neufbourg et de la Guérinière dans un acte de baptême. Nous n'y avons ensuite rencontré

---

(1) Montfault trouva, en 1463, à Saint-Quentin, François Girault, ou Giroult, se disant noble, et Roissy, en 1599, à Ronthon, Jean Giroult, sieur d'Autot (Hotot), qu'il déclara anobli.

celui-ci qu'une autre fois, en 1545, encore comme parrain dans un baptême ; jamais ses enfants.

Il est donc probable qu'au xvi⁰ siècle, les Tesson, seigneurs du Neufbourg, continuèrent à habiter plutôt le pays de Celland que Vains où vint du reste se fixer un de leurs descendants à la fin du xvii⁰.

Cette seigneurie dut évidemment venir à François par son alliance avec demoiselle Giroult-Morin. Les Hullin s'allièrent aussi aux Morin, comme le montre l'acte d'inhumation ci-après :

12 avril 1597. — « Damoiselle Perrette Morin espouze de » noble homme Jean Hullin, seigneur du Neufbourg et de la » Porte ayant attainct laage de soixante et quattre ans ayant » este par moy Françoys Aumont pᵇʳᵉ vicayre de la p. de Vains » confessee et accommunyee avec le sacrement de lextresme » onction rendit lesprit a Dieu le createur le douzieᵉ jour dap- » vril. Dieu lui face pardon dans les cieux. »

Ledit Jehan Hullin, seigneur de la Porte et du Neufbourg, mourut le 19 juillet, âgé de 70 ans, et fut inhumé dans l'église sous le crucifix.

IV. — Françoise, épouse de Germain de Montebrière, sieur de la Proustière.

IV. — Perrette, mariée, par traité du 30 avril 1541, reconnu le 15 juillet 1546, à Jehan Lancesseur, fils aîné et principal héritier de feu Jehan Lancesseur, en son vivant écuyer, sieur de la Polinière à Bacilly.

Jehan Lancesseur, écuyer, le jeune, fils des susdits, c'est-à-dire de Jehan, sieur de la Polinière, et de Perrette Tesson, épousa, par traité du 17 janvier 1576, Ambroise Hullin, fille de Jehan Hullin, écuyer, sieur de la Porte. Elle trépassa, le 11 avril 1624, en la maison du Neufbourg, et son corps fut porté à Bacilly.

Le 13 octobre 1700, Elisabeth Lancesseur, veuve de Louis Tesson, vivant écuyer, sieur de Montesson, héritière bénéfi-ciaire de feu Michel Hullin, écuyer, sieur du Neufbourg, con-fessa et avoua tenir, en cette qualité, de Messire Jean-Gustave de la Bellière, écuyer, seigneur dés fiefs, terres et seigneuries de

Vains et autres, premièrement : la grande maison du Neuf-bourg.

Louise-Françoise Tesson, leur fille, épousa Jacques-René de Lancesseur, arrière petit-fils des précédents, c'est-à-dire de Jean et d'Ambroise Hullin.

Le Neufbourg a donc successivement appartenu, depuis le XVIᵉ siècle, aux familles Morin, Tesson, Hullin, Tesson (femmes) et Lancesseur.

Le château actuel du Neufbourg, habité par la famille de M. Henri de Lancesseur, est du commencement du siècle. Il y est mort, le 17 février 1895, à l'âge de 58 ans, pendant que l'on imprimait ces pages.

Branche du Mesnil-Balisson à Lolif (1)

IV

Jacques Tesson, écuyer, sieur de la Berrière, de la Foresterie, seigneur du fief, terre et seigneurie du Mesnil-Balisson (8ᵉ de haubert) en Lolif, seigneur et patron présentateur de la paroisse de Saint-Médard-de-Celland (2), marié, par contrat du 23 août 1546, à Isabeau Bosquet, fille de Thomas Bosquet, écuyer, seigneur du Mesnil-Balisson, dont elle était la seule héritière, le 10 décembre 1548.

Leurs enfants furent :

V. — Gabriel, qui suivra.
V. — Jacqueline.

---

(1) Les Tesson du Grippon furent patrons de Lolif au XIVᵉ et au XVᵉ siècle. — Voir *Les Annales Civiles et Militaires du pays d'Avranches*, par l'abbé Desroches, p. 360, et notre *Extrait du Chartrier du Grippon*. L'une des six prévôtés de cette seigneurie était à Lolif.

(2) La seigneurie de Saint-Médard-de-Celland, 1/4 de haubert, donnant droit au patronage de l'église, fut vendue, en 1555, par les Fauquet à Jean d'Amphernet, seigneur de Brécey, mais remise l'année suivante, sur clameur féodale, aux Tesson, à cause de leur descendance, par les femmes, des Fauquet. (Voir notre *Monographie de la paroisse de la Mancellière*, p. 131-134).

Le 4 février 1564, ladite Isabeau Bosquet, autorisée de son mari, fit donation à Gabriel Tesson, leur fils, écuyer sous âge, mais stipulé par François Tesson, son grand-père, de sa terre du Mesnil-Balisson, à charge de faire telle portion à ses autres frères qu'il pourrait avoir, et marier ses sœurs, née et à naître, et à la réserve de la jouissance entière de ce fief et seigneurie durant sa vie.

Isabeau Bosquet était veuve le 29 novembre 1565, date à laquelle ledit François sieur de la Guérinière, aïeul et tuteur des enfants de son fils Jacques, fit faire l'inventaire des meubles de sa succession.

Le 2 juillet 1566, Louis de Bourbon, duc de Montpensier, pair de France et comte de Mortain, donna à Isabeau Bosquet, veuve de Jacques Tesson, la garde-noble de ses enfants sous âge ; mais, le 21 juillet 1568, il nomma à sa place demoiselle Colasse Vibert, leur grand'mère, attendu que ladite Isabeau Bosquet était déjà accordée en second mariage.

Le 8 novembre 1572, ladite Colasse Vibert fut déchargée de la tutelle de Gabriel Tesson, son petit-fils, auquel on nomma pour curateurs : Gilles Tesson, écuyer, prêtre, son oncle, et Jean Giroult, écuyer, sieur de Hotot.

Le 14 mai 1574, ledit Gabriel Tesson donna à noble homme Imbert de Louvat, sieur de Bosuzet et seigneur de la paroisse de Champcey, son beau-père, comme ayant épousé la même Isabeau Bosquet, dame du Mesnil-Balisson, quittance de l'administration qu'ils avaient eue de ses biens et de ceux de demoiselle Jacqueline Tesson, sa sœur, après la mort de Jacques Tesson, leur père, et aussi après celle de François Tesson, seigneur de la Guérinière, leur grand-père, décédé postérieurement. Noble et discrète personne, messire Gilles Tesson, prêtre, sieur de la Berrière, et demoiselle Colasse Vibert ratifièrent cet acte à la requête dudit noble homme Imbert de Louvat.

Le 22 novembre 1598, Isabeau Bosquet, étant devenue aussi veuve de son second mari, fit donation à Gabriel Tesson, son fils aîné, de la jouissance du revenu de la terre et seigneurie du Mesnil-Balisson, qui lui avait été adjugée par sentence du lieutenant du bailliage de Cotentin, du 26 juin 1568, son fils s'obligeant en retour à la nourrir et entretenir pendant sa vie en toutes choses suivant son état avec une demoiselle et une fille servante, et un laquais et une haquenée, et, après sa mort, à la faire enterrer dans l'église de Lolif auprès de demoiselle Colasse Vibert, sa mère (c'est-à-dire mère de ladite Isabeau Bosquet).

V

Gabriel Tesson, écuyer, seigneur du Mesnil-Balisson, de la Guette, seigneur et patron présentateur de Saint-Médard-de-Celland, épousa en premier mariage, par contrat du 29 juin 1579, Jeanne Le Rogeron, fille aînée de feu noble homme Julien Le Rogeron, vivant, sieur du Bas-Pontfoul, à Lolif, et de demoiselle Claude Le Mercier.

Par ce contrat, sa mère, Isabeau Bosquet, le reconnaissait pour son fils aîné et présomptif héritier, et on accordait à la future, qui avait pour tuteur, noble personne messire Jacques Le Rogeron, chanoine d'Avranches en la prébende de Rouffigny, son oncle paternel, la moitié de tous les biens de la succession de son père.

Devenu veuf, Gabriel Tesson se remaria, par contrat sous seings privés du 9 mai 1597, reconnu par les notaires, le 27 septembre 1598, à Marguerite du Hommet, fille et héritière de noble homme messire Guillaume du Hommet, écuyer, sieur du Mesnil-Durand (1), et de Louise de la Ferrière, et assistée de son frère, François du Hommet, seigneur du Mesnil-Durand, et de la terre et seigneurie de Sartilly (2).

On trouve ensuite, dans les papiers d'affaires de la famille, ce nom écrit bien plus souvent du Hommel que du Hommet, rarement du Hommetz.

---

(1) Le Mesnil-Durand, paroisse de la sergenterie du Hommet, élection de Carentan. Elle a formé la commune du Mesnil-Durand-sur-Vire dans le canton de Saint-Jean-de-Daye, arrondissement de Saint-Lo. On la trouve comme telle dans l'Itinéraire de la Normandie, par Louis du Bois, 1828. Ce n'est plus qu'une paroisse.

(2) François du Hommet posséda aussi quelque temps la seigneurie du Mesnil-Bœufs comme héritier de Marguerite de la Ferrière, sa tante ; mais il la vendit à Jacques de Cavigny, seigneur du lieu et de Combrée, aïeul maternel de messire Louis Puchot, sieur de la Pommeraie, maître des comptes à Rouen, qui la vendit à son tour, en 1702, à Etienne Tesson de la Vieuville-Pontesson.

Dans sa brochure sur *Brécey*, M. Victor Brunet dit, p. 71 :

« Le 20 juin 1594, messire Louis de Vassy et noble dame
» Françoise d'Amphernet firent l'acquisition des fiefs, terres et
» seigneuries de Saint-Médard-de-Celland. (Archives de la
» Manche, E. liasse 1910). »

Cependant, sur le contrat ci-dessus de son second mariage,
Gabriel est encore qualifié seigneur de Celland, peut-être par
erreur, car le 22 novembre suivant, sur l'acte de donation, cité
plus haut, on ne le dit plus que seigneur du Mesnil-Balisson et
de la Guette.

La seigneurie de Celland fit partie de la baronnie de Brécey,
érigée par lettres patentes du roi, de juillet 1613, en faveur des
Vassy.

De son premier mariage avec Jeanne Le Rogeron, Gabriel
Tesson eut :

VI. — Adrien Tesson, écuyer, seigneur du Mesnil-Balisson
et du Haut et Bas-Pontfoul, en Lolif, et de Montchauveau,
marié, par contrat du 11 septembre 1613, passé au manoir sei-
gneurial de la Rochelle, habité par Pierre de Poilvilain, frère
en loi de la future, avec Françoise de Montchauveau, veuve de
feu noble homme Pierre de Bérauville, sieur de Saint-André,
et fille et héritière en sa partie de défunt noble homme Ambroise
de Montchauveau, vivant sieur baron (*sic* sur le contrat) dudit
lieu de Montchauveau, en Céaucé, au diocèse du Mans, et de
Louise Moreau, sa veuve.

Avant l'an 1543, les Frettaud, depuis longtemps seigneurs de
Montchauveau, quittèrent leur nom patronymique pour prendre
exclusivement celui de Montchauveau.

En 1573, Ambroise de Montchauveau, épousa Louise Moreau,
fille de François, seigneur de la Poissonnière, en Saint-Ouen-
en-Relin, et de Louise de Feschal, dame de la Béraudière. Ils
eurent un fils qui mourut jeune et quatre filles.

Ledit Ambroise de Montchauveau mourut en 1603 ou 1604.

Après la mort d'Adrien Tesson, la seigneurie de Montchauveau passa dans la famille de Poilvilain.

Montchauveau était un fief de haubert qui s'étendait sur
plusieurs paroisses, entre autres : Saint-Front-de-Collières, en-
clavée à présent dans la commune de Domfront, et Saint-Brice-

en-Passais dont furent seigneurs et patrons présentateurs au XVIIe et au XVIIIe siècle, les Tesson de la Vieuville-Pontesson, seigneurs du Mesnil-Bœufs (rameau de la Mancellière); ils étaient aussi seigneurs du fief de Villaine, assis dans la première de ces paroisses.

Le seigneur de Montchauveau devait foi et hommage au Roi et le garder avec quatre de ses vassaux au temps de guerre en son château de Domfront dans une tour nommée Montchauveau, détruite depuis longtemps. Il avait droit d'herbage et de pernage en toute saison, de prendre bois mort sec, etc., pour son chauffage, celui de ses fermiers et pour les réparations dudit lieu de Montchauveau, dans la forêt d'Andaine.

Une sentence, du 26 février 1627, adjugea les honneurs dans l'église de Céaucé à Adrien Tesson, seigneur de Montchauveau à cause de sa femme, contre la requête du sieur Moreau, seigneur de la Béraudière. Celui-ci, ayant interjeté appel de cette sentence, le Parlement la confirma par arrêt du 8 juillet 1628.

VI. — Jacqueline, mariée par traité du 9 novembre 1607 à Jean de la Bellière, écuyer. Elle fut dotée par son père et par son frère Adrien.

VI. — Jeanne, mariée par contrat du 24 juillet 1612, avec Jean de Surtainville, sieur de Langtot, fils et héritier de feu noble homme Robert de Surtainville, sieur de la Porte, et de demoiselle Jacqueline de Montz. Elle fut assistée par son père et par son frère Adrien, sieur du Pontfoul et de la Foresterie.

Et de son second mariage avec Marguerite du Hommet, ledit Gabriel Tesson eut encore :

VI. — Ambroise Tesson, écuyer, sieur du Reverdy, à Sartilly, où il demeurait, le 19 janvier 1635. Il devint seigneur du Mesnil-Balisson après la mort de son frère aîné Adrien, et mourut lui-même sans enfants, avant le 6 août 1664, et même sans alliance connue.

Le 26 novembre 1635, à Paris, il lui avait été délivré un extrait du congé, donné au camp de Biencourt, le 12 du même mois, par Messeigneurs Charles de Valois, duc d'Angoulême, Pair de France, et le maréchal Caumont de la Force, lieutenants-généraux de l'armée du Roy en Lorraine, aux nobles de l'arrière-ban de Cotentin, attestant qu'ils avaient donné la preuve de leur courage et de leur affection au service du Roi en cette armée, depuis le 19 octobre jusqu'au jour dit. Collation faite par René Le Cesne, écuyer, seigneur de Pontrilly et de Negreville, conseiller et chambellan du Roi et son bailli de Cotentin, certifiant qu'Ambroise Tesson, sieur du Reverdy, a fidèlement servi le Roi en personne avec armes, chevaux et équipage suivant l'ordonnance, dans l'armée de Lorraine, sous la conduite dudit bailli, dans le ban et arrière-ban, tant pour lui que pour Adrien et François Tesson, sieurs du Mesnil-Balisson et de Martigny, ses frères, depuis la montre faite à Coutances, le 28 août dernier, jusqu'au jour Saint-Martin, s'étant toujours rendu auprès de sa personne dans toutes les occasions qui se sont présentées. (Parchemin provenant du cabinet d'Hozier et timbré de ses armes. — *Penes nos*).

VI. — François Tesson, écuyer, sieur de Martigny à Lolif, demeurant à Sartilly, par qui se continuera la filiation de la branche du Mesnil-Balisson. Le 27 mars 1625, il remit les moulins de Sartilly, pour la jouissance d'iceux, à François du Hommet, sieur du Mesnil-Durand, à la stipulation d'Ambroise Tesson, sieur du Reverdy, son frère.

Sur une pièce du 6 août 1664, il est dit héritier de son frère Ambroise. D'après l'acte passé à cette date, il devait l'être conjointement avec ses quatre fils.

La sieurie de Martigny en Lolif a été parfois confondue avec la seigneurie de la paroisse de Martigny au comté de Mortain. Toutefois, si cette dernière seigneurie n'appartînt point aux Tesson de la vicomté d'Avranches, ceux dudit comté de Mortain en furent quelque temps titulaires, par alliance, et même aussi de celle de la paroisse de Chasseguey.

En effet, en dépouillant les registres paroissiaux du Mesnil-Bœufs, nous avons trouvé, à la date du 23 mai 1720, comme parrain et marraine dans un baptême : Jean-Jacques Tesson, seigneur du Mesnil-Bœufs, et Catherine-Susanne de Gosselin, noble dame du Mesnil-Bœufs, Martigny et Chasseguey et autres lieux, sa compagne (mariés, le 8 août 1718, au Mesnil-Bœufs, par permission spéciale, l'épouse étant de la paroisse de Martigny). — Tout en étant des cadets de cadets de famille, les Tesson de la Vieuville-Pontesson furent donc seigneurs de quatre paroisses : Saint-Brice-en-Passais (voir p. 10-11), le Mesnil-Bœufs, Martigny et Chasseguey. — Ladite seigneurie de Saint-Brice, et le fief de Villaine en Saint-Front avaient été apportés par Renée de Ponthaud, mère dudit Jean-Jacques Tesson.

Gabriel Tesson et deux de ses fils furent reconnus nobles par Roissy. On lit dans sa Recherche :

Du dernier jour de...... 1599

à Paris

« Gabriel Tesson, sieur du Mesnil-Balisson, sergenterie
» Hérault, élection d'Avranches, Ambroise et Adrien ses fils
» veu leurs titres jouiront ».

Le 21 novembre 1619, eut lieu le partage de la succession de Gabriel Tesson entre Adrien Tesson, et Ambroise et François, ses frères puînés, enfants du même Gabriel et de Marguerite du Hommel. Adrien était tuteur dudit François. Il dit que la terre et seigneurie du Mesnil-Balisson lui appartenait par préciput ainsi qu'il l'avait déclaré en justice. Ambroise, l'un des puînés, choisit, par privilège d'aînesse, le premier des lots, et eut la terre du Reverdy, en Sartilly, que son père avait acquise du sieur du Mesnil-Durand (du Hommet), et audit François Tesson échut le second lot, et il eut la terre de Martigny, en Lolif.

Le 14 juin 1624, les commissaires députés par le Roi pour le régalement des tailles, réformations des abus commis au fait d'icelles et usurpation du titre de noblesse en la Généralité de Caen, étant à Avranches, donnèrent acte à Adrien, Ambroise et François Tesson, écuyers, frères, fils de Gabriel, demeurant en la paroisse de Lolif, de leur comparution et de la représentation qu'ils avaient faite de leurs titres pour la justification de leur noblesse, afin de leur servir et valoir ce que de raison. — Extrait signé : CORNEILLEAU. — (Papier du cabinet d'Hozier et timbré à ses armes — *Penes nos*).

D'Aligre reconnut les trois frères susdits. On lit dans sa Recherche :

A Avranches, du 19 janvier 1635.

« Veu les titres présentés par Ambroise Tesson, Odet, Fran-
» çois et Adrien, ses frères, Ambroise et François de la paroisse
» de Sartilly, Odet et Adrien de la paroisse de Lolif, enfants
» de Gabriel fils Jacques fils François Tesson écuyer jouiront ».

On ne trouve Odet absolument que là, et, par suite, sur les
mémoires très sommaires et tableaux généalogiques, dressés
d'après les recherches officielles, et qui laissent à désirer.

Adrien, Ambroise et François eurent aussi à produire leur
généalogie suivant l'ordonnance de Mgr du Tillet, sieur de
Beaulieu, Conseiller du Roi en sa cour des aides et finances,
commissaire député par Sa Majesté pour la subsistance des gens
de guerre et régalement des tailles en la Généralité de Caen.
Cette généalogie est en notre possession. On y trouve l'analyse
de quinze pièces justificatives dont la plus ancienne est du
20 juin 1522 et la plus récente du 27 août 1639.

Les trois frères figurent, comme il suit, sur le Rôle de la
Noblesse du Grand-Bailliage de Cotentin, dressé en 1640 et
publié dans le XIe volume des *Mémoires* de la Société d'Archéologie de Saint-Lo :

VICOMTÉ D'AVRANCHES

SERGENTERIE HERAULT

LOLIF

« Adrian Tesson, escuier, sieur du Mesnil-Balisson, porte-
» lepee, riche de mille livres tournois de rente.

» Ambroise Tesson, escuier, sieur de Reverdy, frere du sus-
» dit.

» François Tesson, escuier, sieur de Martigny. — Autre
» frere ; gens de repos ».

Sur ce rôle, Sartilly est porté comme étant de la vicomté de
Saint-Sauveur-Lendelin et de la sergenterie de Cérences. Dans
son *Histoire du diocèse d'Avranches*, p. 372, le chanoine Pigeon
dit bien que la paroisse de Sartilly appartenait au bailliage de
Cérences moins le fief de Bréquigny qui dépendait du bailliage
d'Avranches.

Le 12 septembre 1641, à Avranches, Charles le Roi, sieur de la Poterie, Conseiller du Roi en ses Conseils, Intendant de la justice, police et finances en la Généralité de Caen, Commissaire député par Sa Majesté pour l'exécution de l'édit du mois de novembre 1640, et, par ses lettres patentes du 6 février 1641, l'exécution de la déclaration du Roi et arrêt du Conseil pour le recouvrement du droit des francs-fiefs et décharge de toute indemnité, des 12 février et 16 mars 1641, donna acte à Adrien Tesson, écuyer, sieur du Mesnil-Balisson, tant pour lui que pour Ambroise et François Tesson, écuyers, ses frères puînés, de leur comparution et représentation des titres, papiers et enseignements justificatifs de leur noblesse, pour leur servir et valoir ce que de raison, les déchargea de l'assignation à eux donnée par devant lui et leur fit main-levée de la saisie du fief du Mesnil-Balisson, faite à la requête de Mᵉ Jean-Baptiste Paléologo, commis au recouvrement des taxes de confirmation et exemption du droit des francs-fiefs, déchargea les commissaires établis au régime et gouvernement d'icelui fief et ordonna qu'ils leur rendraient compte des fruits s'ils en avaient touché. (Parchemin provenant du cabinet d'Hozier et timbré à ses armes. — *Penes nos*).

On voit par tout ce qui précède combien les gentilshommes étaient constamment en but aux tracasseries du fisc.

VI

François Tesson, écuyer, seigneur de Martigny à Lolif, demeurant à Sartilly, marié, par contrat du 11 mars 1635, avec Louise de Montreuil, veuve de Julien de Cattay, écuyer, sieur de Saint-Ouen-le-Brisoult (1) et demeurant en la paroisse de Méhoudin (2).

Par ce contrat, Adrien Tesson, écuyer, seigneur du Mesnil-Balisson et de Montchauveau, demeurant alors dans la paroisse de Céaucé (3), s'obligea à donner au futur époux, son frère

---

(1) Saint-Ouen-le-Brisoult, canton de Carrouges, arrondissement d'Alençon.

(2) Méhoudin, canton de la Ferté-Macé, arrondissement de Domfront.

(3 Céaucé, canton et arrondissement de Domfront.

puîné, la somme de 12.000 livres, moyennant quoi il ne pourrait rien prétendre sur la dot de demoiselle Marguerite du Hommel, sa mère, ni sur une rente foncière due pour retour de partage par Ambroise Tesson, son frère, sieur de Reverdy, et outre ce il lui donna la métairie de la Gilberdière, située dans la paroisse de Sartilly.

Le 27 avril 1665, à Rouen, les Commissaires Généraux députés par le Roi du Corps de la Cour des Aides de Normandie pour l'exécution des déclarations de Sa Magesté, des mois de mars 1655 et février 1661, après examen de sa requête en forme d'inventaire ou écrit généalogique, attendu sa qualité de noble d'ancienne race, déchargèrent François Tesson, sieur de Martigny, de l'assignation à lui commise, instance du procureur général du Roi, poursuite et diligence de Me Thomas Rousseau, chargé par Sa Majesté du recouvrement des deniers provenant de l'exécution desdites déclarations.

C'était la continuation des vexations du fisc.

Il fut maintenu dans sa noblesse par Chamillart. On le trouve ainsi mentionné dans la Recherche de cet Intendant :

« François Tesson, écuyer, sieur de Martigny, demeurant
» paroisse de Sartilly, sergenterie Hérault, élection d'Avranches,
» 64 ans, religion romaine ».

On donne aussi, bien entendu, sa filiation depuis son bisaïeul, puisqu'il fallait faire la preuve de ses quatre degrés. Le nom de sa mère est bien écrit du Hommet, quoique la notice de cette famille soit sous le nom de du Homméel. Dans la Recherche de Roissy (31 décembre 1598), le nom de François, sieur du Mesnil-Durand, est aussi orthographié du Hommet, que l'on trouve très anciennement et le plus souvent. Mais, au prononcé du nom, les scribes ont dû parfois vouloir écrire du Hommé, ce qui, sans l'accent inusité autrefois, faisait du Homme. C'est peut-être pour éviter toute confusion entre ces deux familles que l'on a adopté pour les du Hommet, de l'Avranchin, l'orthographe de du Homméel.

Dans le manuscrit de Pitard, l'article du Hommet est sous le nom de du Homme.

Les du Homme et les du Homméel se suivent immédiatement dans la première partie de la Recherche de Chamillart, c'est-à-dire parmi les anciens nobles reconnus par Montfault en 1463.

On trouve dans ladite Recherche les mariages de deux filles, qui doivent se rattacher à la branche du Mesnil-Balisson :

1° 1584 ou 1587. — Ursin de Poilvilain, écuyer, épousa Jacqueline Tesson, qui est peut-être celle du ve degré (voir p. 7). Ces Poilvilain étaient sieurs du Misouard, alors en Lolif et à présent en Montviron.

2° 1624. — Guillaume Philippes, écuyer, épousa Jeanne Tesson. Ces Philippes furent sieurs de Glatigny en Saint-Michel-des-Loups, aux limites de la lande de Bevais et de la paroisse de Champeaux.

François Tesson, sieur de Martigny, eut de Louise de Montreuil, sa femme :

VII. — François, qui suivra, continuant la branche du Mesnil-Balisson.

VII. — Adrien, sieur du Gail, par qui se continuera le rameau de Sartilly.

VII. — Louis, sieur de Montesson, auteur du rameau de Vains, fondu dans Lancesseur.

VII. — Jacques, sieur de Préaurey, auteur du rameau de Champcervon et aïeul des suppliciés.

VII. — Jeanne.

VII. — Madeleine, mariée à l'âge d'environ 28 ans, le 6 février 1674, en l'église Saint-Gervais d'Avranches, à François Amyot, sieur de la Chastellerie, aussi de ladite paroisse de Saint-Gervais, où elle demeurait depuis quelques années.

Les trois premiers, c'est-à-dire François, sieur de la Gilberdière, Adrien, sieur du Gail, et Louis, sieur de Montesson, demeuraient encore ensemble avec leur mère devenue veuve, le 3 août 1667, date à laquelle ils déclarèrent que néanmoins ils n'avaient fait aucune communauté de biens.

<h2 style="text-align:center">VII</h2>

François Tesson, écuyer, sieur de la Gilberdière et seigneur du Mesnil-Balisson, marié, par contrat du 17 octobre 1674, du consentement de ses trois frères : Adrien, Louis et Jacques, qui habitaient avec lui le Mesnil-Balisson, avec noble demoiselle Renée Guichard, de la ville de Pontorson, fille de Noble Homme Charles Guichard, écuyer, sieur de la Ménardière, et de Louise de Poilvilain.

Le 28 avril 1654, François Tesson, sieur de la Gilberdière, reçut un certificat daté de Condé, du cornette de la compagnie des chevau-légers de S. A. de Conti, portant qu'il servait actuellement dans cette compagnie depuis que son père lui avait donné un équipage pour cela.

Le 11 novembre 1656, autre certificat du duc de Candale, général des armées du Roi en Catalogne, donné à Perpignan, et portant que le sieur de la Gilberdière, l'un des chevau-légers de la compagnie de M. le prince de Conti, avait servi depuis le commencement de la campagne et servait actuellement dans l'armée de Sa Majesté.

Le 2 janvier 1657, autre certificat du marquis de Fabrègues, capitaine-lieutenant dans la compagnie d'ordonnance de chevau-légers de S. A. de Conti, portant que le sieur de la Gilberdière avait servi deux campagnes dans cette compagnie en suite de quoi il désirait se retirer. Cet acte signé Fabrègues fut donné à Penne d'Albigeois en Languedoc.

Armand de Bourbon, prince de Conti (1629-1666), fils de Henri II, prince de Condé, et frère cadet du Grand Condé, fut gouverneur de Guienne, puis général des armées du Roi en Catalogne où il prit Villefranche-de-Conflent, en 1654, Puycerda et Châtillon, en 1655.

Le 23 novembre 1696, la Chambre des Comptes de Normandie rendit un arrêt par lequel elle ordonna la main-levée, à François Tesson, de son fief du Mesnil-Balisson, lui appartenant au droit de la licitation judiciairement faite des biens de la succession d'Ambroise Tesson son oncle, par sentence rendue au bailliage d'Avranches, le 27 mars 1683, ladite main-levée donnée en conséquence de la foi et de l'hommage qu'il avait rendus au Roi, le 8 octobre 1695, et de l'aveu et dénombrement par lui présentés dudit fief, le 9 avril 1696, en ladite Chambre.

François Tesson mourut, le 26 février 1705, âgé d'environ 70 ans. Il fut inhumé le lendemain dans le cimetière de Lolif devant la petite porte *(sic)* suivant qu'il l'avait requis avant sa mort.

Renée Guichard, sa veuve, trépassa le 5 septembre 1729, âgée d'environ 78 ans. Elle fut aussi inhumée dans le cimetière de Lolif.

De leur union était issu Jean qui suit :

VIII

Jean Tesson, écuyer, seigneur du Mesnil-Balisson, fut baptisé à Lolif, le 11 juillet 1678, et nommé par Jean Tesson, écuyer, seigneur du Pontesson et de La Mancellière, son parent au 13e degré et mon 5e aïeul.

Le 31 juillet 1701, ledit Jean Tesson, seigneur du Mesnil-Balisson, reçut les provisions de la charge d'un des gentils-hommes ordinaires de la vénerie pour le cerf de S. A. R. Monseigneur le duc d'Orléans, données par Sadite Altesse à Paris, ces lettres signées Philippe d'Orléans, contresignées de Thésur avec l'acte de prestation de serment, fait par ledit sieur Tesson à cause de ladite charge ès-mains de M. le marquis d'Effiat, premier veneur de Sadite Altesse, le 14 août 1701 Signé d'Effiat et contresigné d'Aprimont.

Dans la Généalogie de Tesson par Chérin, on le dit page de Mgr le duc d'Orléans, puis commandant de sa vénerie.

En tête de papiers d'affaires, du 26 novembre 1722, qui nous ont été offerts par M. Sosthène Mauduit, vice-président de la Société d'Archéologie d'Avranches, on le qualifie : Messire Jean Tesson, Chevalier, Seigneur du Mesnil-Balisson, Villonnette, Morel, Lamotte, gentilhomme ordinaire et commandant de la vénerie de Son Altesse Royale Monseigneur le Duc d'Orléans, Régent du Royaume.

Enfin, sur un carré de papier en très mauvais état (octobre 1738) du cabinet des titres de la Bibliothèque Nationale : écuyer de Mgr le Duc d'Orléans, Chevalier de Saint-Lazare.

En effet, il avait été nommé Chevalier de cet ordre en 1723. Aussi, trouve-t-on ses armes à la page 122 de l'Armorial manus-crit, dressé en 1746, par Vincent Thomassin, garde-armorial de l'ordre de Saint-Lazare. (Bibl. de l'Arsenal, n° 4.977). Elles y sont d'*Hermine à trois fasces de sinople diapré d'or*. La diaprure est formée de feuillages.

Nous ignorons quelles étaient les preuves à faire, en 1723,

pour l'ordre de Saint-Lazare. En 1771, Louis XV décida que pour être admis dans les ordres de Notre-Dame du Mont-Carmel et de Saint-Lazare, il fallait avoir 30 ans et faire preuve de huit degrés ou générations d'une noblesse paternelle et non interrompue, sans anoblissement connu, et ce, non compris le présenté.

L'ordre de Saint-Lazare est réputé le plus ancien de la chrétienté. La croix était verte, à huit pointes, et bordée de blanc. Devise : 1° *Dieu et mon Roy* ; 2° *Atavis et Armis*.

Le 29 octobre 1703, Jean Tesson avait épousé Anne Habigan, fille de Robert Habigan, huissier ordinaire de la chambre de la feue Reine et de Marie-Jeanne du Plessis. Nous ne connaissons que des filles issues de cette union et nous ignorons ce qu'elles devinrent, leur père ayant, comme on l'a vu, quitté définitivement l'Avranchin avant l'époque de son mariage.

Le 17 août 1731, c'est-à-dire moins de deux ans après la mort de sa mère, il vendit le Mesnil-Balisson à Gabriel Hérault, Chevalier, Seigneur de la Motte, Conseiller au Parlement de Rouen. En 1766, il fut de nouveau vendu par Madeleine Hérault à François Boudier de Codeville, dont la fille épousa M. Etienne Davy de Boisroger, aïeul maternel de Mme Léziart de Lavillorée, née d'Auxais, femme de lettres, qui habite actuellement le manoir moderne du Mesnil-Balisson et nous a donné ces derniers renseignements.

Rameau de Sartilly (Suite)

VI

(Voir pages 12 et 15)

VII

(Voir page 17)

Adrien Tesson, écuyer, sieur du Gail, épousa, le 19 avril 1678, en l'église Saint-Gervais d'Avranches, Madeleine Gaudin, veuve, fille de René Gaudin, lieutenant criminel à Avranches.

Elle eut pour témoins Charles Gaudin, chanoine en l'église cathédrale d'Avranches, et Richard Gaudin, sieur de Glatigny, ses frères.

De cette union naquit François qui suit :

VIII

François Tesson, écuyer, sieur de Martigny, demeurant à Sartilly, épousa, le 16 juillet 1705, en l'église Saint-Gervais d'Avranches, Geneviève-Catherine Langlois, fille de feu Guillaume Langlois, sieur de la Boullays, avocat (1).

Il mourut plus qu'octogénaire, le 26 janvier 1760, et fut inhumé le lendemain, sous son banc, dans l'église de Sartilly. Sa veuve le suivit mois d'un moins après dans la tombe.

De leur union vinrent :

IX. — Vincente-Jacqueline, née le 4 juillet 1706, mariée, le 12 novembre 1754, à Claude-Louis Le Duc, sieur de Meemartin de la paroisse Saint-Saturnin d'Avranches, domicilié en celle de Sainte-Eugienne, fils de feu maître François Le Duc, procureur du Roi en la vicomté de Saint-James.

IX. — Françoise-Jeanne, née le 28 février 1710, mariée, le 28 novembre 1752, à messire Claude-Louis de Péronne, écuyer, sieur de Beauvalon, de Saint-Nicolas-de-Granville, fils majeur de feu messire Robert-Eustache de Péronne, écuyer, sieur de la Sablonnière et de noble dame Marie Le Pelletier.

IX. — Félice-Marie, née le 8 septembre 1712, mariée, le 30 septembre 1754, à Messire Alexandre de Chabert, seigneur

---

(1) Un Langlois, d'Avranches, fut anobli en 1644.

On trouve, dans les registres paroissiaux de Sartilly, encore d'autres Langlois alliés aux du Homméel :

29 décembre 1709. — Mariage de Charles Hyacinthe de Langlois, écuyer, sieur de Vaux, mousquetaire et pensionnaire du Roi, fils de Hyacinthe Langlois et de Louise-Françoise de Bardoül, de la paroisse de Villedieu-lès-Bailleul, du diocèse de Sées, avec Charlotte du Hommel, fille de feu Charles du Hommel, écuyer, et de Dame Françoise de la Motte, et ci-devant veuve du sieur des Blin., chevau-léger du Roi.

Félice-Marie Tesson, baptisée le 11 septembre 1712, eut pour marraine Félice Madeleine de Langlois, épouse de Louis-Pancrace du Homméel, écuyer, seigneur de Bréquigny.

de Champeaux, veuf de noble dame Louise-Marguerite Le Duc, fils de feu messire Gustave-Jean de Chabert et de feue noble dame Anne Gaultier.

IX. — René, qui suit :

I X

Pancrace-*René* Tesson, né le 18 août 1717, eut pour parrain Pancrace du Homméel, seigneur de Bréquigny à Sartilly où ce prénom était très répandu au siècle dernier.

Il fut nommé curé de Sartilly, en 1745, à l'âge de 27 ans (sa première signature comme tel sur les registres paroissiaux est du 20 avril de ladite année), bénit les mariages de ses trois sœurs et mourut après plus de 30 ans de fonction curiale, le 7 novembre 1775. Son corps fut inhumé le surlendemain dans le chœur de l'église de Sartilly.

Avec lui s'éteignit le rameau de Sartilly (1).

Rameau de Vains
FONDU DANS L'ANCESSEUR

V I I
(Voir page 17)

Louis Tesson, écuyer, sieur de Montesson, lieutenant de la

---

(1) Isaac Tesson, écuyer, sieur de la Chasteignerais, à La Mancellière, où on le trouve mineur d'ans dans la Recherche de Chamillart et qui était à Saint-Jean-le-Thomas en 1698 (*Mémoires de l'intendant Foucault*), habita aussi Sartilly comme le prouvent les actes qui suivent :

22 juillet 1701. — Inhumation dans la nef de l'église de Sartilly de Louise Philippe (Philippes ?), veuve de feu Nicolas Le Duc, écuyer, sieur de la Vauclinière, âgée de 40 ans ou viron, présence d'Isaac Tesson, sieur de la Chasteignerays, beau-père de ladite damoiselle.

26 novembre 1705. — Mariage d'Isaac Tesson, écuyer, sieur de la Chas- teignerais, demeurant à Sartilly, fils de feu René et de demoiselle Renée Guiton, ses père et mère, avec Louise Advenette, demeurant aussi à Sar- tilly, fille de feu Pierre Advenette, écuyer, sieur du Désert, et de demoi- selle Gillette Mahé, ses père et mère, et de présent veuve de feu Alexandre-François de Pierre, écuyer, sieur de Beaucoudray.

25 octobre 1708. — Inhumation dans l'église de Sartilly d'Isaac Tesson, écuyer, sieur de a Chasteignerays, âgé d'environ 55 ans.

côte de Vains et autres lieux, habita successivement Lolif, Genêts et Vains, où il mourut à l'âge de 55 ans. Il fut inhumé, le 30 juin 1694, en l'église de cette paroisse, devant l'autel de la Vierge, par Bertrand de la Pigannière, prêtre scolastique de la cathédrale d'Avranches, official de l'évêché et curé de Bacilly.

Il avait épousé, en 1678, Elisabeth Lancesseur, fille de François, écuyer, seigneur de Saint-Jean-le-Thomas, où se trouve le village de Lancessourie, aux limites de Champeaux et de Ronthon.

Le 13 octobre 1700, elle rendit aveu du Neufbourg au seigneur de Vains, Jean de la Bellière (voir pages 6-7).

Elle mourut en 1720, âgée d'environ 74 ou 75 ans, et fut inhumée dans le cimetière, le 14 août.

Ils eurent les enfants qui suivent :

VIII

VIII. — Charles Tesson, écuyer, né à Vains, le 3 février 1684, fut tenu sur les fonts baptismaux par Messire Charles Tuffin, seigneur de la Roirie et de Vains. Il mourut à l'âge de 25 ans et fut inhumé, le 1er mai 1709, aussi à Vains.

VIII. — Elisabeth, mariée à Vains, le 15 janvier 1710, à Louis-Alexandre de Billeheust, écuyer, sieur d'Argenton, fils de feu Jean, seigneur patron de la paroisse des Loges-sur-Brécey, et de Marguerite de Verdun. Elle fut inhumée également à Vains, le 27 août suivant.

VIII. — Louise-Françoise, mariée, par contrat du 9 août 1711, passé au Neufbourg, à Jacques-René Lancesseur, écuyer, sieur de la Polinière, de la paroisse de Bacilly, fils de René et de Jacqueline-Madeleine Lancesseur (voir page 7).

Elle fut inhumée à Vains, le 5 septembre 1715, après avoir mis au monde deux enfants jumeaux, baptisés l'avant-veille et nommés, le 30 octobre suivant, Jacques et Elisabeth-Louise.

Ils avaient eu aussi André qui suit :

IX

Messire André de Lancesseur, chevalier, seigneur de la Polinière, fut capitaine d'infanterie, puis capitaine-général du guet de la capitainerie-garde-côte d'Avranches. Il épousa en premier mariage Marie-Anne-Susanne de Perci.

Le 22 octobre 1755, en l'église de la Mancellière, il fut marié, en secondes noces, par René Tesson, écuyer, prêtre, curé de Sartilly, à Susanne-Renée Tesson, fille de feu messire Germain-René Tesson, chevalier, seigneur de la Mancellière, et de feue Jeanne-Charlotte du Bosc.

Les conjoints étaient parents au 17e degré.

Leur arrière-petit-fils, M. Henri de Lancesseur, a épousé, en 1866, au château de Chanteloup, Mlle Célinie Boudier de la Valleinerie, fille de Camille et de Célinie de Cussy.

AUTRES EXTRAITS DES REGISTRES PAROISSIAUX DE VAINS

« Le 27e jour de mars 1680, fut enterré dans l'église un
» artisan de la bourgeoisie de Saint-Malo qui était venu travail-
» ler au Groin du...... pour Monsieur de Pontesson pour la
» perfection de son bateau où il fut pris de mal et tôt après
» décéda âgé viron de 50 ans. Dieu l'absolve ».

Dans son *Avranchin Monumental et Historique*, tome I, p. 175-176, M. Le Héricher parle de l'importance qu'avait encore au siècle dernier le Grouin-du-Sud comme but de navigation et d'échange commercial.

Jean Tesson (1624-1694), écuyer, sieur du Pontesson en Montigny, seigneur et patron de la Mancellière, mon cinquième aïeul, avait servi le Roi dans ses armées navales ; son fils Robert également.

8 Septembre 1754. — « Bénédiction des deux cloches refon-
» dues de l'église de Vains. La seconde cloche fut nommée
» *Andrée-Susanne-Elisabeth* par messire André de Lancesseur,
» écuyer, seigneur de la Polinière, ancien capitaine d'infanterie,
» fils de Messire Jacques-René de Lancesseur, écuyer, ancien
» capitaine d'infanterie, seigneur de la Polinière et autres lieux,
» terres et seigneuries et noble dame Susanne-Elisabeth Tesson,
» fille de feu messire Thomas Tesson, écuyer, seigneur de la
» Guérinière, épouse de messire Gilles Anfray, sieur de la
» Cotentinière. »

Le manoir de la Guérinière passa au siècle dernier dans cette famille Anfray de la Cotentinière, aussi du Grand-Celland.

Rameau de Champcervon

La Seigneurie du Grippon qui appartint, au XIVe et au XVe siècle, à six générations de la famille de Tesson, des barons de
la Roche-Tesson, avait une prévôté à Champcervon. (Voir notre
extrait du *Chartrier du Grippon*. Tome VII de la *Revue de l'A-
vranchin*, p. 14).

Dans son *Avranchin monumental et historique*. (Tome II, p. 27),
M. Edouard Le Héricher dit :

» En 1598, Guillaume de Montgommery, seigneur de Ducey,
» était aussi seigneur de Champcervon qu'il reçut de ses an-
» cêtres et transmit à ses descendants. Ce titre passa aux Tesson.
» En 1698, le gentilhomme était Jean Tesson. (Mémoire de
» M. Foucault). »

Dans *La Noblesse Normande. Notes et Armoiries*, ouvrage iné-
dit du docteur Olive, à Bayeux, les Tesson sont aussi qualifiés
sieurs de Champcervon.

Mais, ils n'ont jamais été dans cette paroisse que sieurs de
Laune. Le modeste manoir de ce nom est situé à 400 mètres au
nord-ouest de l'église.

Dans le *Mémoire sur la Généralité de Caen* de l'Intendant Foucault, que nous avons consulté à la Bibliothèque municipale de
cette ville, nous avons trouvé comme seul noble à Champcervon : Jacques Tesson, écuyer, et non Jean. Dans nos recherches,
nous avons souvent vu ces prénoms de Jean et de Jacques
confondus. Du reste, Jean se dit aussi Jack en anglais.

M. l'abbé Pigeon diffère un peu de M. Le Héricher. Il dit
dans *Le Diocèse d'Avranches*, p. 355 : « Les Montgommery,
» comtes de Ducey, eurent aussi Champcervon, qui resta, jus-
» qu'en 1789, au seigneur de Ducey. »

Nous n'avons rencontré qu'une seule fois, dans les anciens
registres paroissiaux, la mention des seigneurs qui, évidemment,
n'habitaient point la paroisse. C'est à l'occasion de la bénédiction
de la petite cloche, fondue à La Lucerne, le 27 octobre 1749,
et nommée Louise par messire Louis-Gustave Hérault, écuyer,
chevalier de l'ordre militaire de Saint-Louis, seigneur de Champcervon et autres lieux, suivant sa letrte du 23 dudit mois, et

par madame son épouse, Charlotte-Magdelaine de la Rochette de Saint-Pierre.

Cette absence explique comment les Tesson qui occupaient, dès lors, le premier rang à Champcervon, ont pu passer pour en être les seigneurs.

VII

(*Voir page 17*)

Jacques Tesson, écuyer, sieur de Préaurey, épousa en novembre 1679, Julienne Malherbe, fille de Jean, écuyer, sieur de la Malaisière, à Angey, et de Françoise de Mobec.

Ladite Julienne de Malherbe étant morte à Champcervon, le 22 juin 1693, il se remaria, en juin 1694, à Marguerite Polinière, veuve de Pierre du Breuil, sieur du Colombier, et fille de Pierre Polinière, président au Présidial de Coutances.

De son premier mariage, il eut le fils qui suit :

VIII

Adrien Tesson, écuyer, sieur de Laune, né à Champcervon, le 13 mars 1688.

On trouve, dans les registres de cette paroisse, la mention de quatre compagnes d'Adrien :

1° — 11 novembre 1722. — Naissance de Jean-René Tesson (dont il n'est plus question), fils d'Adrien, sieur de Laune, et de Marie-Magdelaine de Gouvetz. — Fille de feu François de Gouvetz, sieur du Bois-Langerie, et de Madeleine de Grimouville, elle avait épousé Adrien, le 10 février 1722, à l'âge de 25 ans, en l'église de Notre-Dame-des-Champs d'Avranches.

2° — 8 juin 1737. — Inhumation, dans la chapelle Sainte-Anne de l'église de Champcervon, par discrète personne messire Claude de Vain (Devain), curé de Montviron, etc., du corps de Geneviève Hequart, âgée de viron 63 ans, dame épouse d'Adrien Tesson, sieur de Laune.

On lit dans la monographie de la paroisse de Bourguenolles, par L. C. (Tome VI de la *Revue de l'Avranchin*, p. 359). Nous résumons :

« Le manoir de la Beneurté, à Bourguenolles, passa au XVIIe
» siècle, par alliance, des Grimouville aux de Gouvetz. Vers
» 1722, le manoir de la Beneurté était occupé par Adrien Tes-
» son, sieur de Laune. Madeleine de Gouvetz, sa femme, y
» mourut en 1723. Adrien Tesson occupait encore la Beneurté
» en 1725, lorsqu'il épousa, en secondes noces, Geneviève Le-
» vard, veuve de Robert Morel, sieur du Gage, à Montviron.
» Le mariage eut lieu dans l'église de Bourguenolles. Peu après
» Adrien Tesson quitta la paroisse, et le manoir resta occupé
» par ses belles-sœurs de Gouvetz. — Ces de Gouvetz étaient
» venus de Vernix. » (Les seigneurs du Grippon avaient aussi
une prévôté à Bourguenolles. — *Chartrier du Grippon*).

Le prénom étant le même, et pour d'autres raisons encore,
il semble bien que Levard est le nom mal lu et mal transcrit
de Hequart, cité plus haut.

3° — 12 février 1749. — Inhumation dans l'église de Champcervon du corps de demoiselle Catherine Lefournier, épouse
d'Adrien Tesson, écuyer, sieur de Laune, âgée de viron 50 ans.

4° — 23 février 1753. — Mariage en l'église de Champcervon,
de messire Adrien Tesson, écuyer, sieur de Laune, avec Susanne
Le Touzé, de la paroisse du Mesnil-Drey, où avaient eu lieu
les fiances et où elle était née le 2 janvier 1722.

Ce fut elle qui mourut la première, le 24 mai 1767, à l'âge
de 45 ans. Elle fut inhumée dans l'église de Champcervon. Son
mari, âgé de 79 ans, trépassa moins d'un mois après elle (le
21 juin), et fut enterré dans le cimetière.

Ils laissaient deux orphelins, de 13 et 10 ans, dont voici les
actes de baptême :

IX

IX. — Adrien-Marie-Jacques Tesson, écuyer, fils d'Adrien
Tesson, écuyer, sieur de Laune et de demoiselle Susanne Le
Touzé, âgé d'un jour, a été nommé par maître Jacques Breham,
prêtre, vicaire de la paroisse de Champcervon, et Marie-Anne
Hecquart, et ensuite a été baptisé par nous Julien Montier,
curé, le 28 janvier 1754.

IX. — René-Félix Tesson, fils de messire Adrien Tesson,
écuyer, et de damoiselle Susanne Le Touzé, son épouse, âgé

d'un jour, a été nommé par messire René Tesson, écuyer, prêtre, curé de Sartilly, et dame Marie-Félix Tesson, dame de
Champeaux, et ensuite a été baptisé par nous Breham, prêtre,
vicaire soussigné avec sesdits parrain et marraine, ce 4 mars
1757, — (lesquels étaient les cousins issus de germain du nou-
veau-né).

Ce sont ces deux frères, derniers représentants de la branche
de la vicomté d'Avranches, qui furent guillotinés à Granville ;
le jeune, le 16 nivôse ou 5 janvier ; l'aîné, huit jours après,
c'est-à-dire le 24 nivôse, an II de la République ou 13 janvier
1794.

On a écrit qu'Adrien (sans autres prénoms) était âgé de 37 ans
et né à Avranches. Nous n'avons rien trouvé le concernant
dans les anciens registres paroissiaux de la ville pour lesquels
il existe à la Mairie des tables décennales. S'il naquit réellement
à Avranches, ce dut être accidentellement puisqu'il fut baptisé
à Champcervon dès le lendemain de sa naissance. Au moment
de son exécution, il avait, non pas 37 ans, mais 39, tout près
de 40. Un 9 mal fait a pu être pris pour un 7 dans son dossier.
Pour René-Félix, on a exactement dit qu'il était alors âgé de
36 ans.

Les suppliciés étaient parents :

Au 15e degré, de Jean-Gilles Tesson du Buat (1748-1835).
— Branche aînée.

Au 17e degré, de Julien-Jean comte de Tesson (1745-1824),
ancien écuyer ordinaire de Louis XVI (1), ci-devant seigneur et
patron des paroisses de Monteille et de Saint-Loup-de-Fribois,
au diocèse de Lisieux. — Rameau de la Mancellière.

Au 18e dégré, de Louis-Auguste (1766-1848) et de Jean-Bap-
tiste-Marie (1769-1859), Tesson de la Mancellière, frères, émi-
grés, mon grand-oncle et mon aïeul, neveux à la mode de
Bretagne du comte de Tesson qui précède.

---

(1) L'écuyer ordinaire venait immédiatement après le premier écuyer,
qui était alors le duc de Coigny, nommé en 1774. Le marquis de Coigny,
fils du duc, fut nommé premier écuyer en survivance, en 1783.

Par suite, ces victimes du régime de la Terreur sont pour moi des collatéraux au 20ᵉ degré.

A ce degré, la parenté n'existe plus. Je pourrais donc parler d'eux sans passion et avec la plus grande impartialité. Mais, comme il faudrait pour tout dire, afin d'exposer équitablement et convenablement les faits, citer des noms et faire certaines révélations, citations et révélations qui pourraient être désagréables encore à bien des personnes, il est sans doute préférable de s'en abstenir.

Leur histoire a d'ailleurs été très bien résumée par M. F. Froissart, ancien Procureur Général. Cet historien s'est seulement trompé sur le nom de l'individu qui dut la vie à l'intervention particulière de René et qui était le gardien même de la maison d'arrêt d'Avranches, irresponsable, évidemment, de son arrestation arbitraire, comme suspect, et de son injuste détention.

Certains dictionnaires biographiques (1) ont commis une erreur en les faisant parents de Jacques Tesson, administrateur du département de la Manche en 1790 et député à la Législative en 1791. Celui-ci était un avocat de Coutances, né à Monthuchon, où sa famille est encore représentée par Louis Tesson, maire de la commune.

Voici ce que dit de cette dernière famille, — qui n'avait absolument rien de commun que la similitude du nom avec celle de Champcervon, — M. Renault dans sa notice sur Monthuchon, parue dans l'*Annuaire de la Manche* de 1856, p. 29 :

« La chapelle méridionale de l'église servait à la sépulture » de la famille Tesson-Desfontaines, qui devait ce privilège à » ses fondations. »

« La famille Tesson-Desfontaines est fort ancienne dans le

---

(1) Nous citerons : le *Dictionnaire biographique* de tous les hommes qui ont marqué à la fin du 18ᵉ siècle et au commencement du 19ᵉ, — 1807. — La *Biographie moderne* ou Galerie historique, civile, militaire, politique, littéraire et judiciaire, contenant les portraits politiques des Français de l'un et de l'autre sexe, morts ou vivants, qui se sont rendus plus ou moins célèbres, depuis le commencement de la Révolution jusqu'à nos jours, par leurs talents, leurs emplois, leurs malheurs, leur courage, leurs vertus ou leurs crimes, — 1816.

» pays. On la voit, en l'année 1603, rendre des aveux à Pierre
» d'Harcourt pour des fiefs ou aînesses qu'elle possédait et qui
» dépendaient de sa seigneurie de Monthuchon et de sa baron-
» nie du Mesnil-Bus. Elle a donné plusieurs membres distingués
» au clergé ; et un Tesson était député en 1792. »

» M. Deschamps de Vadeville appartient à cette famille
» Tesson. »

ALFRED DE TESSON,

Capitaine de Frégate en retraite.

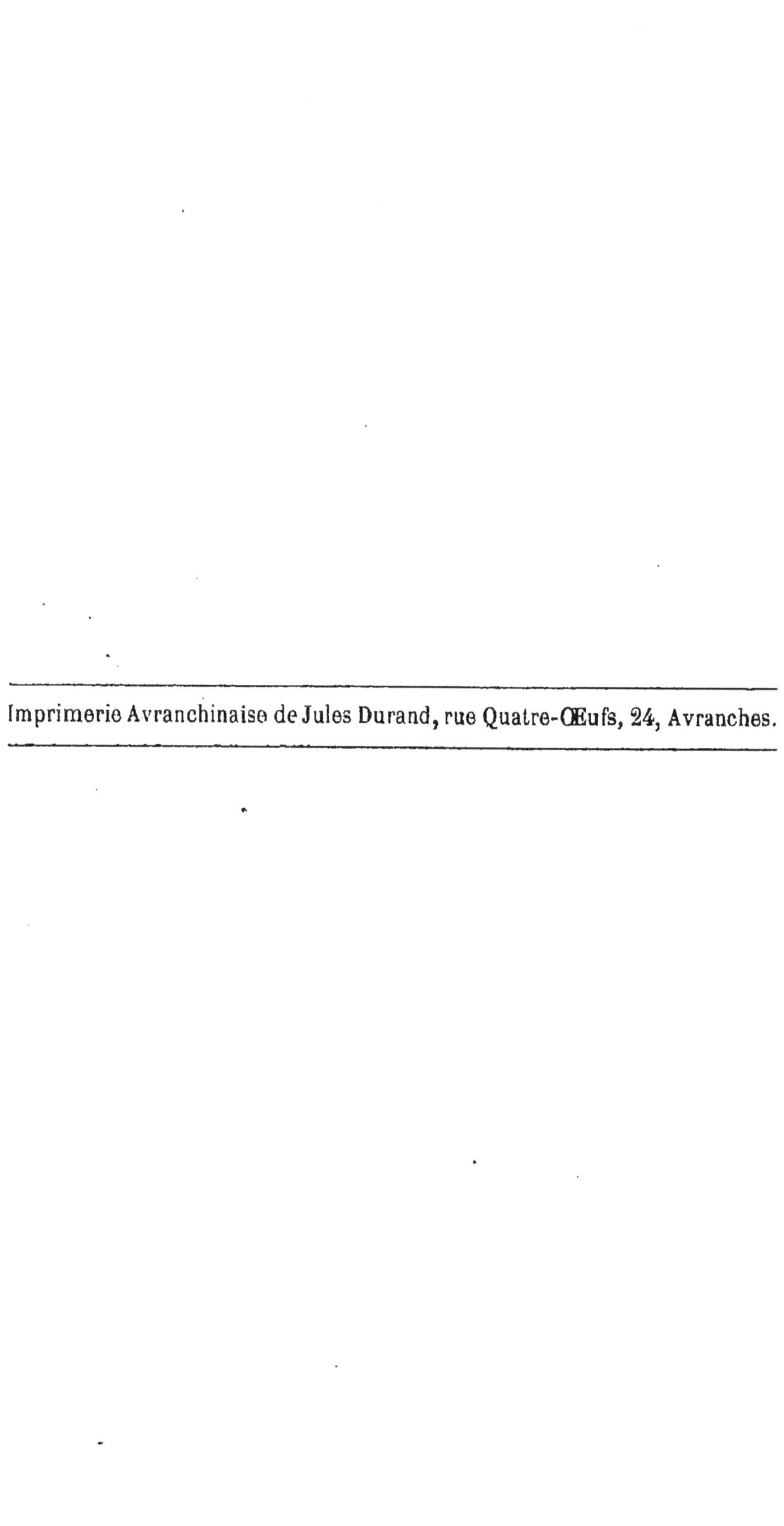

Imprimerie Avranchinaise de Jules Durand, rue Quatre-Œufs, 24, Avranches.

Certifié conforme pour $0 Exemplaire